A l'école

Fiona Undrill

School

www.heinemann.co.uk/library
Visit our website to find out more information about Heinemann Library books.

To order:
☎ Phone 44 (0) 1865 888066
  Send a fax to 44 (0) 1865 314091
▤ Visit the Heinemann Bookshop at www.heinemann.co.uk/library to browse our
▣ catalogue and order online.

First published in Great Britain by Heinemann Library, Halley Court, Jordan Hill, Oxford OX2 8EJ, part of Harcourt Education. Heinemann is a registered trademark of Harcourt Education Ltd.

Editorial: Charlotte Guillain
Design: Joanna Hinton-Malivoire
Map illustration: International Mapping Associates
Picture research: Ruth Blair
Production: Duncan Gilbert

Printed and bound in China by Leo Paper Group.

ISBN 9780431931227 (hardback)
11 10 09 08 07
10 9 8 7 6 5 4 3 2 1
ISBN 9780431931326 (paperback)
11 10 09 08 07
10 9 8 7 6 5 4 3 2 1

British Library
Cataloguing in Publication Data
Undrill, Fiona
A l'ecole = School. - (Modern foreign languages readers)
1. French language - Readers - Elementary schools 2. Elementary schools - Juvenile literature 3. Vocabulary - Juvenile literature
448.6'421
A full catalogue record for this book is available from the British Library.

Acknowledgements
The publishers would like to thank the following for permission to reproduce photographs:
© Brand X pictures pp. **4, 8, 9, 12, 16, 20**, (Joe Atlas); © Corbis p. **6** (epa); © Getty Images pp. **16** (Photodisc), **22**; Harcourt Education pp. **4, 16, 20** (MM Studios), **19** (Devon Olugbena Shaw); © Photodisc pp. **4, 12, 20**; © 2007 Jupiter Images Corporation p. **11**; © Punchstock pp. **4, 8, 9** (Stockdisc)

Cover photograph of boy writing on blackboard reproduced with permission of Corbis (Jose Luis Pelaez/zefa).

Every effort has been made to contact copyright holders of any material reproduced in this book. Any omissions will be rectified in subsequent printings if notice is given to the publishers.

Table des matières

Try to read the question and choose an answer on your own.

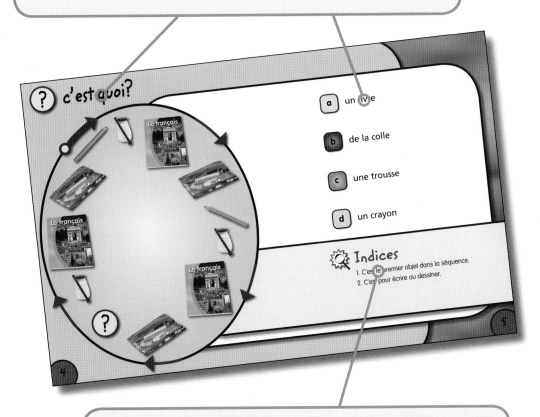

You might want some help with text like this.

? c'est quoi?

a un livre

b de la colle

c une trousse

d un crayon

 Indices

1. C'est le premier objet dans la séquence.
2. C'est pour écrire ou dessiner.

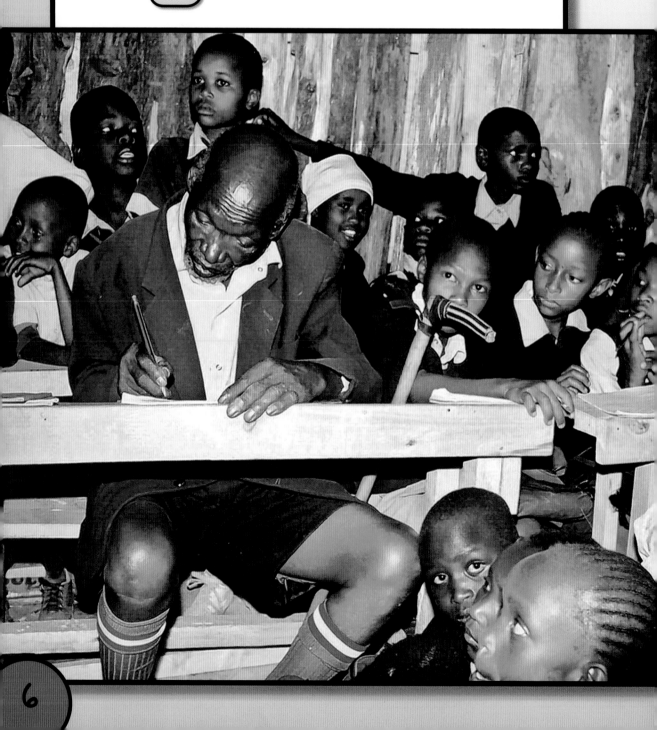

L'élève le plus âgé du monde

Date	2004
Pays	le Kenya
Nom	Kimani Nganga Maruge
Age	84 ans

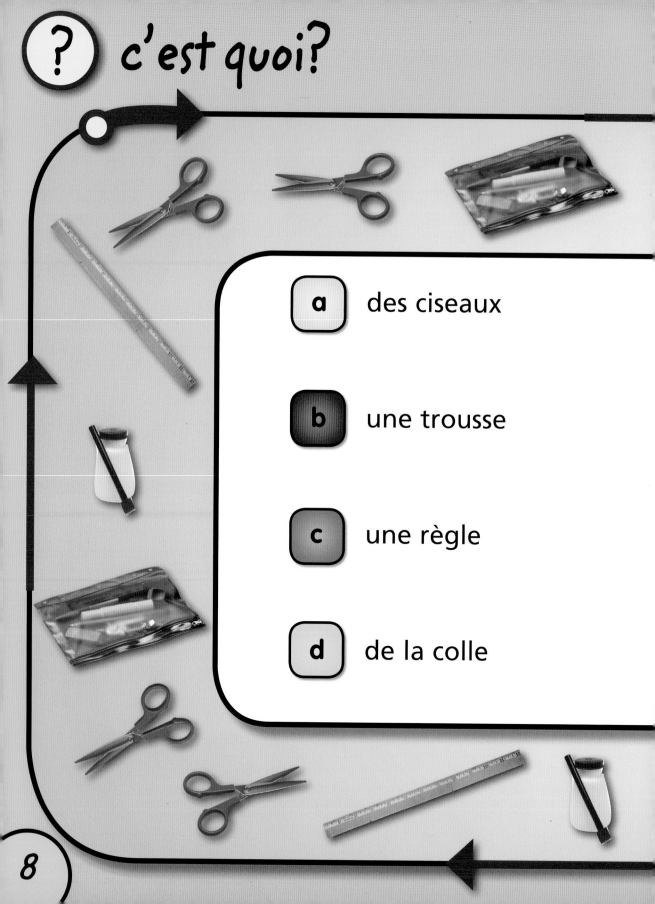

? c'est quoi?

a des ciseaux

b une trousse

c une règle

d de la colle

Indices

1. C'est le dernier objet dans la séquence.
2. C'est pour mesurer.

Réponse

c une règle

L'étudiant universitaire le plus jeune du monde

Date	1997
Pays	l'Inde
Nom	Tathagat Avatar Tulsi
Age	10 ans

a	une règle marron
b	un sac bleu
c	un cahier orange
d	une gomme rouge

 Indices

1. C'est le deuxième objet dans la séquence.
2. C'est pour effacer les erreurs.

Réponse

d une gomme rouge

A quel âge commence l'école en Europe?

Age	Pays
4 ans	l'Irlande du Nord
5 ans	l'Angleterre, l'Ecosse, le pays de Galles
6 ans	la Belgique, la France, l'Italie, l'Espagne, la Norvège, le Portugal, la République d'Irlande, l'Allemagne
7 ans	la Pologne, le Danemark, la Suède

L'Irlande du Nord

L'Ecosse

La République d'Irlande

Le pays de Galles

L'Angleterre

La Belgique

La Norvège

La Suède

Le Danemark

l'Allemagne

La Pologne

La France

L'Italie

Le Portugal

L'Espagne

15

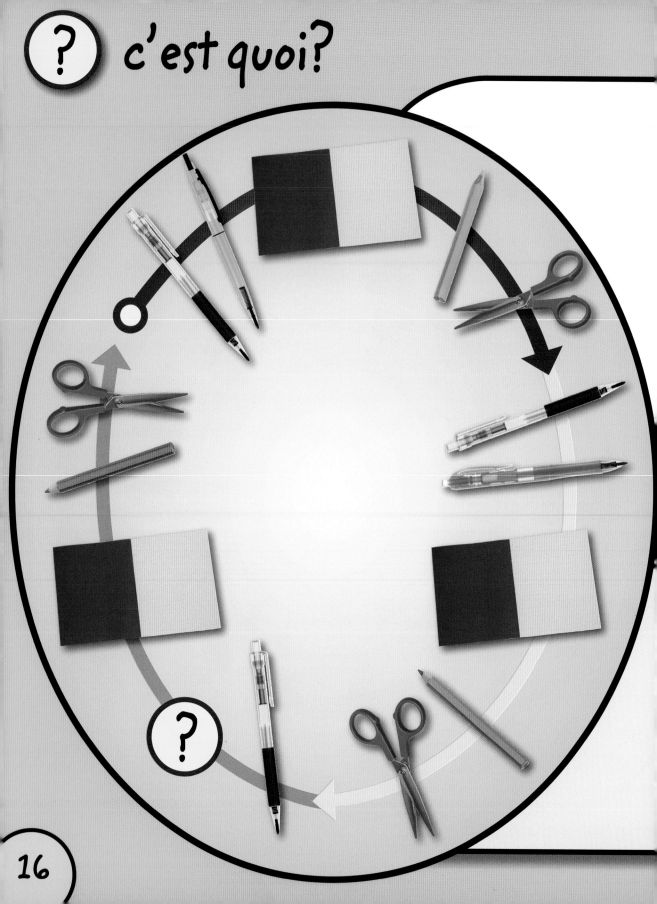

a un stylo bleu

b un stylo orange

c un crayon vert

d un cahier noir

 Indices

1. C'est
   - le deuxième objet dans la séquence;
   - la même couleur que le crayon dans la séquence orange.
2. C'est pour écrire.

Réponse

b un stylo orange

Comment aller à l'école au Royaume-Uni?

		1989–91	2004
	en voiture	27%	41%
	à pied	62%	50%

A la Jamaïque

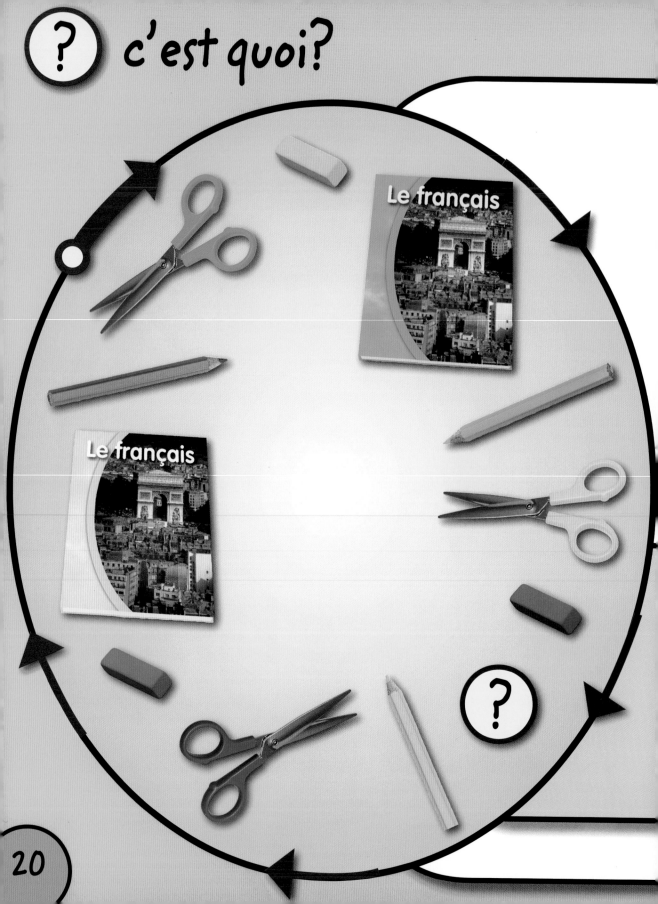

a un livre vert

b des ciseaux jaunes

c une gomme bleue

d un crayon vert

 # Indices

1. C'est
   • le troisième objet dans la séquence d'objets – mais c'est…
   • la première couleur dans la séquence de couleurs
2. C'est pour lire.

Les écoles françaises

la maternelle	2 à 6 ans (optionnel)
l'école primaire	6 à 11 ans (obligatoire)
le collège	11 à 15 ans (obligatoire)
le lycée	15 à 18 ans (on peut partir à 16 ans)

En France

Vocabulaire